Chinese Graded Reader

Level 2: 450 Characters

Wooten

美好的前途(上)

Měihǎo de Qiántú (Shàng)

└ future

Great Expectations: Part 1

by Charles Dickens

Mind Spark Press LLC

SHANGHAI

Published by Mind Spark Press LLC

Shanghai, China

Mandarin Companion is a trademark of Mind Spark Press LLC.

Copyright © Mind Spark Press LLC, 2015

For information about educational or bulk purchases, please contact
Mind Spark Press at business@mandarincompanion.com.

Instructor and learner resources and traditional Chinese editions of
the Mandarin Companion series are available at
www.MandarinCompanion.com.

First paperback print edition December, 2015

Library of Congress Cataloging-in-Publication Data
Dickens, Charles.

Great Expectations Part 1 : Mandarin Companion Graded Readers:
Level 2, Simplified Chinese Edition / Charles Dickens, Renjun Yang;
[edited by] John Pasden, Shishuang Chen, Cui Yu.
1st paperback edition.
Salt Lake City, UT; Shanghai, China: Mind Spark Press LLC, 2015

LCCN: 2015955425
ISNB: 9781941875056
ISBN: 9781941875070 (ebook)
ISBN: 9781941875087 (ebook/traditional ch)

Mandarin Companion Graded Readers

Now you can read books in Chinese that are fun and help accelerate language learning. Every book in the Mandarin Companion series is carefully written to use characters, words, and grammar that a learner is likely to know.

The Mandarin Companion Leveling System has been meticulously developed through an in-depth analysis of textbooks, education programs and natural Chinese language. Every story is written in a simple style that is fun and easy to understand so you improve with each book.

Mandarin Companion Level 2

Level 2 is intended for Chinese learners at a low intermediate level. Most learners who have been able to fluently read Mandarin Companion Level 1 should be able to read this book. This series is designed to combine simplicity of characters with an easy-to-understand storyline that helps learners grow their vocabulary and language comprehension abilities. The more they read, the better they will become at reading and grasping the Chinese language.

Level 2 is designed around a core set of 450 fundamental characters. These basic characters ensure that most of the vocabulary will be simple everyday words that the reader is most likely to know. This series contains approximately 650 unique words; a number low enough to make reading Chinese less intimidating, while also introducing new key words relevant to the story.

Key words are added gradually over the course of the story accompanied by a numbered footnote for each instance. Pinyin and an English definition is provided at the bottom of the page for the first instance of each key word and a complete glossary is provided at the back of the book. All proper nouns have been underlined to help the reader distinguish between names and words.

What level is right for me?

If you are able to read this book with a high level of comprehension, then this book is likely at your level. It is ideal to have at most only one unknown word or character for every 40-50 words or characters that are read.

Once you are able to read fluidly and quickly without interruption you are ready for the next level. Even if you are able to understand all of the words in the book, we recommend that readers build fluidity and reading speed before moving to higher levels.

How will this help my Chinese?

Reading extensively in a language you are learning is one of the most effective ways to build fluency. However, the key is to read at a high level of comprehension. Reading at the appropriate level in Chinese will increase your speed of character recognition, help you to acquire vocabulary faster, teach you to naturally learn grammar, and train your brain to think in Chinese. It also makes learning Chinese more fun and enjoyable. You will experience the sense of accomplishment and confidence that only comes from reading entire books in Chinese.

Extensive Reading

After years of studying Chinese, many people ask, "why can't I become fluent in Chinese?" Fluency can only happen when the language enters our "comfort zone." This comfort comes after significant exposure to and experience with the language. The more times you meet a word, phrase, or grammar point the more readily it will enter your comfort zone.

In the world of language research, experts agree that learners can acquire new vocabulary through reading only if the overall text can be understood. Decades of research indicate that if we know approximately 98% of the words in a book, we can comfortably "pick up" the 2% that is unfamiliar. Reading at this 98% comprehension level is referred to as "extensive reading."

Research in extensive reading has shown that it accelerates vocabulary learning and helps the learner to naturally understand grammar. Perhaps most importantly, it trains the brain to automatically recognize familiar language, thereby freeing up mental energy to focus on meaning and ideas. As they build reading speed and fluency, learners will move from reading "word by word" to processing "chunks of language." A defining feature is that it's less painful than the "intensive reading" commonly used in textbooks. In fact, extensive reading can be downright fun.

Graded Readers

Graded readers are the best books for learners to "extensively" read. Research has taught us that learners need to "encounter" a word 10-30 times before truly learning it, and often many more times for particularly complicated or abstract words. Graded readers are appropriate for learners because the language is controlled and simplified, as opposed to the language in native texts, which is inevitably difficult and often demotivating. Reading extensively with graded readers allows learners to bring together all of the language they have studied and absorb how the words naturally work together.

To become fluent, learners must not only understand the meaning of a word, but also understand its nuances, how to use it in conversation, how to pair it with other words, where it fits into natural word order, and how it is used in grammar structures. No textbook could ever be written to teach all of this explicitly. When used properly, a textbook introduces the language and provides the basic meanings, while graded readers consolidate, strengthen, and deepen understanding.

Without graded readers, learners would have to study dictionaries, textbooks, sample dialogs, and simple conversations until they have randomly encountered enough Chinese for it to enter their comfort zones. With proper use of graded readers, learners can tackle this issue and develop greater fluency now, at their current levels, instead of waiting until some period in the distant future. With a stronger foundation and greater confidence at their current levels, learners are encouraged and motivated to continue their Chinese studies to even greater heights. Plus, they'll quickly learn that reading Chinese is fun!

Table of Contents

Story Adaptation Notes

This story is an adaptation of Charles Dickens' 1861 classic Great Expectations. The novel was first published as a 35-part series in Dickens' weekly periodical All the Year Round, then later published as a single volume. Written in the last decade of Dickens' life, Great Expectations was praised widely and universally admired. It was his last great novel, and many critics believe it to be his finest.

This Mandarin Companion graded reader has been adapted into a fully localized Chinese version of the original story. The characters have been given authentic Chinese names as opposed to transliterations of English names, which sound foreign in Chinese. The locations have been adapted to well-known places in China.

The story has been adapted from Victorian London of the 1800's to modern-day Shanghai, China. Both periods feature stark contrasts between the old and the new, the wealthy and the poor.

Character Adaptations

The following is a list of the characters from this Chinese story followed by their corresponding English names from Charles Dickens' original story. The names below are not translations; they are new Chinese names used for the Chinese versions of the original characters. Think of them as all-new characters in a Chinese story.

吴小毛 (Wú Xiǎomáo) - Pip

姐姐 (Jiějie) - Mrs. Joe Gargery

姐夫 (Jiěfu) - Joe Gargery

胖子 (Pàngzi) - Dolge Orlick

思思 (Sīsī) - Biddy

白小姐 (Bái Xiǎojiě) - Miss Havisham

冰冰 (Bīngbīng) - Estella

金子文 (Jīn Zǐwén) - Mr. Jaggers

Cast of Characters

吴小毛
(Wú Xiǎomáo)

姐姐
(Jiějie)

姐夫 *
(Jiěfu)

胖子
(Pàngzi)

* 周 (Zhōu) is the man's surname, and he normally goes by 老周 (Lǎo Zhōu). Since 老周 is married to 小毛's 姐姐, the normal way for 小毛 to address 老周 is to use the title 姐夫 rather than 老周.

思思
(Sīsī)

白小姐
(Bái Xiǎojiě)

冰冰
(Bīngbīng)

金子文
(Jīn Zǐwén)

Locations

上海 Shànghǎi

China's largest city, Shanghai embodies the past, present, and future of China. It is the cosmopolitan center of commerce and fashion for China, where western culture blends with eastern traditions.

外滩 Wàitān

The Bund in Shanghai is a row of grand buildings built in the early 1900's modeled after British and American architectural styles lining the west bank of the Huangpu River. The iconic Pudong skyline is on the east bank and home to three of the world's tallest buildings.

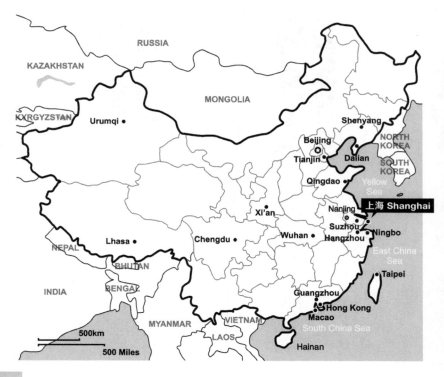

— Chapter 1 —
帮一个坏人

我叫吴小毛，住在上海旁边的一个小

村子里。人人都知道上海是一个大城市，可

是这个热闹的地方好像跟我没什么关系。

我家离上海的市中心挺远的，我跟姐

姐和姐夫住在一起。我姐姐是我们村子里特

别有名的女人。她声音很大，而且特别容易

生气，村子里的人都叫她"吴大姐"。

我今年八岁了，比我姐姐小十五岁。

在我很小的时候，我父母就死了，从那时

候开始，我就一直跟姐姐一起生活。姐姐总

是对我说："你知道你有多烦吗？死小孩！

要是没有你，我一定会生活得比现在好得

---

1 村子 (cūnzi) *n.* village

2 死小孩 (sǐ xiǎohái) *n.* rotten kid (not literally "dead child")

多。”因为她一直这样说，村子里的人自然会觉得，姐姐过得不好都是我的错。所以他们经常说，我要听姐姐的话，长大以后要感谢姐姐。9/29

我姐夫今年二十五岁，村子里的人都爱叫他老周。姐夫是一个修理工，不管工作多累，生活多难，他从来都不说。可是，他

---

3 感谢 (gǎnxiè) v. to be grateful (to)

4 修理工 (xiūlǐgōng) n. repairman
5 不管 (bùguǎn) conj. no matter...

很怕我姐姐，因为我姐姐生气的时候，总是打我和姐夫，但姐夫从来都不跟姐姐吵，也不生她的气。

离我家不远的地方有一条小河，我喜欢玩水，所以经常去河边。今天我又在河边玩了一个多小时。天有点黑了，我觉得差不多应该回家了，就站起来往家走。突然，一个男人从后面抓住了我的衣服。

"别叫！"那个男人抓着我的衣服，"再叫我就杀了你！"他小声说，我轻轻地点点头，不敢再说话了。

我看了一下那个男人，他身上脏得很，衣服都破了，脚上还有一个奇怪的东

---

6 吵 (chǎo) *adj.* noisy

7 黑 (hēi) *adj.* dark

8 突然 (tūrán) *adv.; adj.* suddenly; sudden

9 抓 (zhuā) *v.* to grab, to try to catch

10 杀 (shā) *v.* to kill

11 轻轻地 (qīngqīng de) *adv.* lightly

12 敢 (gǎn) *v.* to dare (to)

13 脏 (zāng) *adj.* dirty

14 破 (pò) *adj.* worn out, run-down

15 脚 (jiǎo) *n.* foot

3

西。我不知道那个东西是什么，但是我觉得他应该是个犯人。想到这里，我更害怕了。

"你叫什么名字？爸爸妈妈在哪儿？"那个男人问我。

xiāngxīn = believe

"我叫吴小毛，也许你不相信，不过我真的没有爸爸妈妈，我一直跟姐姐和姐夫住在一起。我们就住在前面的那个修理店里。"因为太害怕，我的声音都变小了。

---

16 犯人 (fànrén) *n.* a convict

17 害怕 (hàipà) *v.* to be afraid (of)

18 也许 (yěxǔ) *adv.* perhaps

19 修理店 (xiūlǐdiàn) *n.* repair shop

"修理店？你说你家开了一个修理店？"
那个男人看了一下他脚上的东西，把我按得
更紧了。

"对。千万别杀我！"因为太害怕，我说
着说着就哭了起来。

xū yào

"你看到我脚上这个东西了吗？我需要
一个工具把它打开，还要一些吃的。明天早
上，我们还在这里见面，你把工具和吃的带

huò zhe = probably

过来。要是你没来或者把这件事告诉别人，
你知道会发生什么吗？我还有一个朋友也在
这里，他特别喜欢吃小孩的心。如果你不听
我的话或者你明天没来，我就让他吃了你的
心！"听到那个男人这样说，我更害怕了："
我明天一定来，一定来！"我说完以后，那
个男人很快就离开了，我看他走远了以后马
上往家跑去。

— Chapter 2 —
不一样的节日

"小毛，我们正在找你呢！你姐姐发现你下午不在家，又生气了。"我到家的时候，姐夫已经在门口等我了。因为姐姐经常打我们，姐夫和我已经成了好朋友，他也总是帮我。

"你去哪儿了？你这个死小孩，烦死了！"姐姐一看到我就对我大叫起来。我怕她又要打我，很快跑到姐夫身后："我去河边抓鱼了，明天过中秋节，我想抓一条鱼回来，这样明天就能多做一个菜，可是一条都没抓到。"

"死小孩，如果没有我，你早就饿死

23 鱼 (yú) *n.* fish

了！你难道不知道明天过节吗？家里有那么
多事等着要做，你还跑到外面去玩？还不快
来帮我！"姐姐越说越生气。

姐姐真的很忙，因为中秋节是一个很
重要的节日。中秋节要吃月饼，可是我们买
不起月饼，所有好吃的东西都要自己做。每
年过中秋节的时候，姐姐都会做一种特别好
吃的饼，还有别的平时吃不到的菜，因为要
请叔叔来家里吃饭。

晚上，姐姐和姐夫睡着以后，我小心
地走出房间，偷了一些姐姐做的饼，还有
姐夫修东西的工具，偷偷地放在了衣服里。
那天晚上，我一点也没睡着。我一直在想那
个犯人，想起来我就害怕，还有那个要吃我

24 难道 (nándào) *conj.* "could it be that…?" [rhetorical question marker]
25 节日 (jiérì) *n.* holiday
26 月饼 (yuèbǐng) *n.* moon cake
27 买不起 (mǎibuqǐ) *vc.* cannot afford (to buy)
28 平时 (píngshí) *adv.* usually
29 叔叔 (shūshu) *n.* uncle
30 偷 (tōu) *v.* to steal
31 偷偷地 (tōutōu de) *adv.* stealthily, secretly

心的人。除了这些，我也很担心姐姐会发现
我偷了她的饼。可是我还能有什么别的办法
呢？

fáxiàn = discover

我害怕被姐姐和姐夫发现，所以天还
没亮，我就起来了，然后偷偷地跑去了河
边。

在去河边的路上，我发现了另一个男

zāng = dirty   *jiǎo = foot*

人。他身上脏脏的，衣服也很破，脚上也
有那个奇怪的东西，不过他好像没有注意到
我。想到他可能是那个喜欢吃人心的人，我
马上跑走了。

我来到了那个老地方，可是没看到昨
天那个犯人。我想把东西放下就走，可是就
在这时候，那个犯人出现了。他一下子把

---

32 除了 (chúle) *conj.* except for
33 担心 (dānxīn) *v.* to worry
34 被 (bèi) *part.* [passive particle]

35 亮 (liàng) *adj.* bright
36 注意 (zhùyì) *v.* to notice
37 出现 (chūxiàn) *v.* to appear, to emerge

我按在地上："你有没有把我们的事跟别人说？"

"我真的没告诉别人，我是一个人来的。"

他很快用工具打开了脚上的东西，拿起我给他带的饼，大口大口地吃了起来。他一定很久没吃东西了，一下子就把所有的饼都吃完了。

"你不分一点给你的朋友吃吗？我刚刚看到他了。"

"什么朋友？你看到谁了？"犯人好像一下子想起了什么。

"我刚刚看到你的朋友，他穿的衣服跟你一样，脚上也有这个东西。他就是那个喜欢吃小孩的心的人吗？"我是害怕，不过也有点好奇。

"快告诉我他在哪儿。我要杀了他！"犯人的脸色突然变得很难看，大叫着跑走了，好像是去找他的朋友了，我也马上往家跑去。

中秋节这天晚上，月亮特别大，也特别亮。我一个人坐在家门口，月光照着门前的路，也照在我的脸上，好像在试着跟我说话，让我高兴起来。可我紧张得要死，不敢

---

38 好奇 (hàoqí) *adj.* curious

39 脸色 (liǎnsè) *n.* the look on one's face, lit. "face color"

40 照 (zhào) *v.* to shine (on)

41 脸 (liǎn) *n.* one's face

42 紧张 (jǐnzhāng) *adj.* nervous

dāi: stay

待在离姐姐太近的地方。idi4
43

饭快做好的时候，叔叔来了。我觉得

fán = trouble

叔叔很烦，因为他总是跟我姐姐一样，叫
29

zǒngshi

我"死小孩"。可是姐姐很喜欢叔叔，因为叔
2   29

叔每次来都会带一些吃的。
29

看到叔叔又带了东西，姐姐笑着说："
29

谢谢叔叔！"这时候，叔叔看着我说："听到
29   29

gǎnxiè

了吗？'谢谢'。你也要好好感谢你姐姐，要
3

是没有她，你早就饿死了！"姐夫觉得我听

了这些话可能会很难过，马上给了我一个好

吃的饼，可是他不知道我现在有多紧张。
42

我从来没有这么害怕过吃饭，因为知
17

道姐姐很快会发现她做的饼少了几个。因

为太紧张，我一直都不敢看姐姐的眼睛，但
42   12

是，我害怕的事还是发生了。
17

---

43 待 (dāi) *v.* to stay

— Chapter 3 —
犯人被抓了

"死小孩！你是不是偷吃了我做的饼？

快说！"姐姐大叫着向我走来，叔叔跟着

说："死小孩！偷东西，应该打！"

　　看姐姐走过来要打我的样子，我怕得

要死，一句话都不敢说，偷偷地看了一下

姐夫，可是这次他好像帮不了我。我不知道

该怎么办，站起来就往外面跑。因为跑得太

快，到门口的时候，差点撞到一个人。我停

下来一看，五个警察带着两个人来到了我家

门口。我发现其中一个是我帮过的犯人，另

一个就是他的朋友。

---

44 偷吃 (tōuchī) *v.* to sneakily eat

45 撞 (zhuàng) *v.* to crash into

46 警察 (jǐngchá) *n.* police officer, the police

看到这几个人，姐姐、姐夫和叔叔也
马上走了出来。我怕得要死，如果警察知道
是我帮了这个犯人，会不会把我也抓起来？
如果犯人以为是我告诉了警察，会不会杀了
我？想到这里，我更紧张了，突然不知道要
往哪儿跑了。

姐姐好像已经把我偷饼的事忘了，也
没时间来打我了。她走过去问："警察先
生，发生了什么事？这两个人是谁？"

"没事，这个犯人脚上的东西坏了，想
过来让老周帮忙修一下。"警察说。

看来，警察到现在还不知道是我帮了
那个犯人。我看着那个犯人，很想跟他说我
没有把事情告诉警察。犯人也看了我一眼，
但是我不知道他有没有明白我的意思。

xiū = mend

姐夫很快就把犯人脚上的东西修好

了。警察正要带他们离开的时候，那个犯人突然对姐夫说："对不起，我昨天晚上偷了你家的饼，因为我真是饿得没办法了！"

我没有想到他会这样做，很想对他说一声"谢谢"，又什么都不敢说。姐夫笑着说："没关系，就是一些吃的。我们不知道

47 希望 (xīwàng) *v.; n.* to hope; hope

你做过什么，但是我们不希望你饿死。"姐

夫说完以后，警察就把他们都带走了。我希

望再也不要见到他了。

píng shí = usually

　　从那以后，我还是像平时一样，上

学、放学，然后回家帮姐夫的忙。我知道，

mei
/ 10/9

qián = money

家里没有钱让我上高中、上大学，等我长大

xiū lǐ gōng

以后，我就得跟姐夫一样，好好做一个修理

工。姐夫现在请了一个人帮他，那个人比我

pàng = fat

大十岁，又高又胖，我们都叫他"胖子"。胖

子从不认真工作，也从来不笑，我和姐姐都

不喜欢他。当然，他也不喜欢我和姐姐。

　　我只有两个朋友，一个是姐夫，另一

sīsī

个是我的同学思思。思思比我大三岁，也没

shūshu

有爸爸妈妈，从小跟她叔叔住在一起。但是

思思很可爱，也喜欢帮助别人。她经常来我

bāngzhù　　　*jīngcháng*

---

48 胖 (pàng) *adj.* fat　　　　49 只有 (zhǐyǒu) *conj.* only if

家跟我一起玩，也会帮我姐姐做事。每次回家的时候，她的手、脚、衣服都脏脏的，可她还是很开心。

zāng = dirty

shēnghuó = life

10/14 我以为，我以后的生活会跟姐夫一样，做一个修理工。在我看来，这样的生活好像也没什么不好，可是谁也没想到，后来我的生活会发生那么大的变化。

— Chapter 4 —
奇怪的老小姐

第二年的中秋节很快又到了，中午我们在吃饭的时候，突然听见外面有人叫我的名字。我走出来看见门口放着一包东西，人已经不见了。我觉得有点奇怪，打开一看，里面放着四块看起来很贵的月饼，旁边还有200块钱。虽然没看到这个人，不过总有

一种感觉告诉我：他是我一年前帮过的那个犯人。

　　节日的第二天是星期六，上午我在帮姐夫修东西的时候，叔叔来了。这次他跟平时很不一样，没有再叫我"死小孩"。他笑着说："小毛，你有好事了！"

　　听到叔叔这样说，姐姐马上走过来，问："叔叔，什么好事？他会有什么好事？"从我出生到现在，姐姐从不觉得好事会跟我有什么关系，她总说我只会让她感觉很烦。

　　"白小姐想找一个男孩去她家玩，她家的阿姨问我有没有认识的小孩，我跟她说我家有一个8岁的小男孩，明天就把他送过去给白小姐看。"说完，叔叔笑着看了看我。

　　"白小姐？就是那个住在大房子里的白小姐吗？太好了！如果把这个小孩送到白小

50 阿姨 (āyí) *n.* aunt

姐家里，她应该会给我们一些钱吧。"想到

钱，姐姐越说越开心，这时候她才真正开始

注意我："你看你，脏死了！快进去，我要

给你好好洗一洗。"

第二天早上，我穿着自己最好的那件

衣服，跟叔叔一起去了白小姐的家。

白小姐家的房子真大！里面应该有不

少房间，可以住很多人。可是从外面看，感

觉这个房子挺老的，而且有点破，住在里面

的人会是什么样子呢？

我在门口等着，以为开门的是白小姐

家的阿姨。等了一会儿，门开了。出现在

我面前的是一个跟我差不多大的女孩。我从

来没见过这么漂亮的女孩。她的头发又长又

黑，还有一种花的味道。她的脸也很美，眼

睛又大又亮，但是不笑，看起来冷冷的。我

开始对她好奇起来，世界上怎么会有这样的

女孩？对我来说，第一次见面的时候对人笑

一下是很自然的事情，可是我面前的这个女

孩好像不会笑。

我就这样一直看着她，忘了叔叔还在

我旁边站着，也忘了我是来见白小姐的。女

孩好像也注意到我一直在看着她，但是她一

直没有对我笑过，只是冷冷地问我："你是

---

51 只是 (zhǐshì) *phrase* it's just that

túrán: suddenly

来见白小姐的吧？"我突然有点不好意思，

红着脸点了点头。我进门的时候，叔叔也想

跟我一起进去，那个女孩看着叔叔问："你

也想见白小姐吗？"

叔叔点了点头："当然想，如果白小姐

也愿意的话。" *yuànyì = to be willing*

"你应该知道她不想见你。"说完，她就

guān

把门关上了。

dài

女孩走在前面，她要带我去白小姐的

gèzi = stature

房间。我跟在她的身后，她高高的个子，

pàng shòu

不胖也不瘦，穿着漂亮的衣服，一看就知道

她一定是有钱人的孩子。她就走在我前面，

yuǎn = far

可是我觉得她离我很远，像天上的星星。她

shí = true

没有跟我说话，也不告诉我她的名字。说实

话，她就像一个冷冷的公主，不太友好。*friendly*

---

52 愿意 (yuànyì) *v.* to be willing

53 瘦 (shòu) *adj.* thin

54 公主 (gōngzhǔ) *n.* princess

55 友好 (yǒuhǎo) *adj.* friendly

这个房子真的很大，也很黑，所有的门窗[56]都关着，阳光一点也照不进来[7][40]。这么大的房子，只开了一个小灯。如果不是刚进来，我会以为现在是晚上。

　　我们上了二楼，走进一个很大的房间，这个房间跟一楼差不多，门窗[56]也都关着，这么黑的地方也只开了一个小灯。房子中间坐着一个奇怪的女人。

　　她穿着婚纱[58]，坐在桌子旁边。头发已经全白了，更可怕的是，她的脸色也很白[39]，像死人的脸一样[41]。她身上的婚纱[57]好像很久都没洗过了，已经有点黄了。她坐在那里，一点都不动，只有她的那双眼睛能告诉我她还活着[49]。她真应该姓白[38]，可我最好奇的是，她都这么老了，为什么别人还叫她"小姐"？

---

56 窗 (chuāng) *n.* window
57 婚纱 (hūnshā) *n.* wedding dress
58 桌子 (zhuōzi) *n.* table

shēng yīn = voice

"你是谁？"她的声音那么小，我想，要是我离她再远一点，一定什么都听不到。

"我……我叫吴小毛。我叔叔让我来这儿——玩儿。"

shí = true

说实话，我有点怕她。

"过来，让我看看你。"

我走过去的时候，发现她房间里的钟一直没有走，好像停在了8点40分。

"你不怕我吗？"她看着我，可是我觉得她的眼睛里没有光。 guāng = light

"不怕。"其实我挺害怕她的，可我不敢 gǎn
说真话。10/30

"你知道这是什么吗？"她把手放在她自己身上。

"这是心，我的心。"她这么问，让我一下子想到了那个犯人的朋友。

"我的心，已经死了！"她一边说，一边冷笑。"你多大了？"

"我八岁了。"我一点也不想多跟她说话，她问什么，我就说什么。

ting = very "那挺好的。这是我的女儿冰冰，她跟你一样大。你们一起玩吧。"

天啊，在这个房子里玩，世界上还有 shijiè = world

59 其实 (qíshí) *adv.* actually

比这更无聊的事吗？白小姐看我不知道做什

么又开始问我："你觉得冰冰漂亮吗？"

我看了一下冰冰："漂亮！"刚说完，我

的脸又红了，因为这是我的心里话。她冷冷

地看了我一眼，还是不笑，然后很快就看别

的地方去了。白小姐笑着问冰冰："你觉得

吴小毛怎么样？"

冰冰看着我冷笑了一下："修理工的

孩子，又脏又笨！"听她这样说，白小姐轻

轻地笑出了声。然后我听到她小声对冰冰

说："你可以伤他的心。"

我不理解白小姐为什么要说这种话，

就觉得这个房子和住在里面的人都挺奇怪

的，我想快点回家。

"我可以回家了吗？"我轻轻地问。虽然

---

60 无聊 (wúliáo) *adj.* bored, boring, lame

61 笨 (bèn) *adj.* stupid

62 伤 (shāng) *v.* to hurt (someone)

63 理解 (lǐjiě) *v.* to understand, to comprehend

我很喜欢旁边的这个女孩，可我感觉她对我

一点也不友好，再待下去也没什么意思。

　　"好吧。你第一次来还不知道怎么做，

先回家吧，下个星期六再过来。"说完，她

让冰冰给我一些吃的，带我出去。

　　我和冰冰一起走了出去，冰冰把一包

吃的放在地上，让我感觉自己是一只狗，

我想不明白她为什么要这样对我，难过得

想哭。这个时候，她才轻轻地对我笑了一

下："哭吧！你就是修理工家的孩子，又脏

又笨，没有人会喜欢你！"说完，她就把门

关上了。

　　回家的路上，我越想越难过，差点哭

起来。看着自己的手和衣服，想到姐夫是个

修理工，而且以后我也会成为一个修理工，

64 成为 (chéngwéi) v. to become

我突然那么希望能改变自己，改变我以后的
生活！

— Chapter 5 —
回家以后

从白小姐家回来以后，姐姐和叔叔问了我很多问题，他们很想知道我在白小姐家看到了什么，后来又发生了什么。可是我一点也不想跟他们聊这些，因为我知道他们是不可能理解我的心情的。

liáo = just, chat

lǐjiě = understand

xīnqíng = mood

姐姐看我不说话，就过来打我，一边打一边说："如果没有我，你早就饿死了！我问你问题，你怎么不说？"

Kāi kǒu = open one's mouth

这时候，叔叔开口了："别打了，他以后还要去白小姐家呢。你把孩子打伤了，白小姐会不高兴的。"叔叔说完后又对我说："好孩子，跟我们说说白小姐吧。"

---

65 心情 (xīnqíng) *n.* mood   66 打伤 (dǎshāng) *vc.* to hit and injure

wán = play

叔叔这个样子让我觉得很好玩，我打 *dǎ*

suàn

算跟他开个玩笑。我想了一下，说："白小

姐又高又胖。" *pàng = fat*

"叔叔，真的是这样吗？"姐姐问。

"是的。"听到叔叔这样说，我才发现，

yuánlái = originally

他原来没见过白小姐。

"你在白小姐家看到了什么？"叔叔又

问。

chuāng = window
yáng   *zhào =*

"她家很漂亮，窗子很大，阳光都能照 *shine*

dēng

进来，白天不用开灯。白小姐的房间里有一

zhuōzi

个又大又漂亮的桌子，桌子上有很多玩具。

dāi = stay

对了，还有四只狗，它们就待在桌子下面不

tíng = stop   *kāi xīn = happy*

停地叫。"我越说越开心，差点笑出来。

qíguài = strange

"这太奇怪了！叔叔，你觉得呢？"姐姐

问叔叔。

---

67 打算 (dǎsuàn) *v.; n.* to plan to; plans   69 玩具 (wánjù) *n.* toy

68 原来 (yuánlái) *adv.* originally

"我不这么看，白小姐本来就是一个

奇怪的女人，这个村子里的人都知道。"

说完，他又问我："那你在白小姐家玩了什

么？"

"她家有很多玩具，我跟冰冰玩得特别

开心。她让我下周再去她家。"想到冰冰，

我突然不想再跟叔叔开玩笑了。姐姐和叔叔

没再问我别的问题了，他们听说白小姐还要

让我去她家就很开心。

姐姐和叔叔说话的时候，姐夫一直在

旁边干活，他不喜欢听他们说这些事情。我

知道，他一点也不想让我去白小姐家，更不

关心白小姐会不会给我钱。有时候我真的想

不明白，姐夫怎么会跟姐姐这种人结婚？姐

姐不但爱生气，还那么喜欢钱。这种女人，

---

70 干活 (gànhuó) *vo.* to do manual
labor

71 结婚 (jiéhūn) *vo.* to get married

除了我姐夫，还有哪个男人会要？

　　姐夫是我的家人，也是我最好的朋友，我觉得我应该告诉他真的发生了什么。

那天晚上胖子走了以后，我就来到姐夫干活的房间，把事情都跟他说了。

　　"都不是真的？没有漂亮的大桌子？玩具呢？难道玩具也没有吗？"姐夫有点不太相信。

　　"什么都没有。漂亮的大桌子、玩具、会叫的狗，都不是真的。那个大房子，从外面看，有点破，里面又大又黑，阳光一点都照不进去。还有那个白小姐，又老又奇怪，不管谁进去，都会害怕的。"

　　姐夫突然有点不高兴的样子："好，就算你说的都是真的，那你刚才为什么不说

72 就算 (jiùsuàn) *conj.* even if

真话？你在这件事情上不说真话，那以后要是你做了什么坏事，就更不会说真话了。小毛，我一直跟你说要做一个好孩子，你现在怎么会变成这样？不行，我要去跟你姐姐说这个事，白小姐家你不能再去了。"

　　听到姐夫这样说，我开始害怕了："千万别告诉姐姐！她知道以后一定会打死我的！再说，就算她知道了，也还是会让我再去白小姐家的。我的好姐夫，我以后一定不会再这样做了。千万别告诉姐姐！"姐夫一定不想看到姐姐打我，听我这样说，他自然就不会去跟姐姐说了。

　　"你不是说白小姐有个女儿叫冰冰吗？"姐夫突然想到了冰冰，"那冰冰呢？她对你怎么样？"姐夫问了我最不想被问到的问题。

"她……她对我一点也不友好……我觉得她很不喜欢我。我穿的衣服、脏脏的手，我身上所有的东西她都不喜欢。我记得她还说，我是修理工家的孩子，又脏又笨，没有人会喜欢我。"我越说越伤心。

shāngxīn = sad

姐夫听到我这样说，好像明白了什么，他笑着问我："她这样说你，让你很没面子，你不想让你姐姐和叔叔知道，所以就不说真话？就算你不说真话，也不可能改变别人对你的看法。小毛，我是你的朋友，你要记住，说真话才会让你快乐！"

gǎi biàn = adapt

jì = remember

姐夫的话听起来都是对的，可我还是忘不了冰冰说的那些话。那天发生的所有事，我想我是不可能把它们忘记的！

wàng = forget

fāshēng = happen

suǒyǒu = own

— Chapter 6 —
他们吵起来了

为了改变冰冰对我的看法，我决定开始认真学习，我也经常请思思帮我。但是我知道，这需要花很长时间。不过只要能让冰冰喜欢我，就算花再长时间，我也愿意。

因为没钱，我们家一直不能请一个更好的人在修理店帮忙。不过姐姐以为，只要白小姐一直喜欢我，我们家以后会越来越有钱。所以胖子在帮姐夫干活的时候，她总是对胖子说："如果你不认真干活的话，以后就别来了。白小姐很喜欢我们小毛，我们家以后会很有钱，我可以花钱请更好的人来干活。"

---

74 只要 (zhǐyào) *conj.* as long as

suīrán = although

虽然姐姐这么说，可胖子从来也不担
jié = divide
心，因为他太了解姐夫了。姐夫人太好，就
算姐姐让他走，姐夫也会想办法帮他的。不
过，胖子知道我去白小姐家的事情以后，就
更不喜欢我了。

一天早上，我在跟姐夫说周六去冰冰
家，有半天不在家，不能帮他干活。胖子在
旁边听到了，走过来说："我也需要半天的
xū yào = need
时间。"

"你需要半天的时间做什么？"姐夫有点
不理解。lǐ jiě = understand
guān xì = matter
"我做什么跟你没有关系。我就是要跟
小毛一样，半天不干活。"

姐夫想了一下："可以。" 12|19
jìn = enter
姐姐在外面也听到了，跑进来大声对
姐夫说："你很有钱吗？半天不让他干活？

如果我是你，我一定要让他明白什么是'不可以'！"

胖子冷笑了一下："你这个死女人，我们说话跟你有什么关系？"

"你说什么？你怎么敢这样跟我说话？"姐姐气得脸都红了。

"胖子，别说了！"姐夫大声说。

但是胖子好像没听到姐夫说什么，还在说："你这个死女人，长得那么难看，还

喜欢大吵大叫！"

"别说了！"姐夫又说，但是他的话一点都没用。

"老周，你听他说我什么？他在我们家，在你的前面，这样说我！你还不打他？！"姐姐一边大叫一边哭着坐到地上，抓自己的头发，打自己的头。

"胖子，你怎么还不住口？"姐夫也越说越生气了。

"如果你是我的女人，我早就打你了！"
dǎ suàn zhù kǒu
胖子还不打算住口。

姐夫知道胖子不会听他的话，可是他看见姐姐这个样子，也没有别的办法，只能跑过去跟胖子打。很快胖子就被姐夫按在地上，起不来了。

qǐ = rise, stand up, become

75 住口 (zhùkǒu) *vo.* to shut one's mouth

这件事情过后，我看到胖子在河边跟姐夫说了一会儿话，第二天又回我家干活了。姐姐当然很生气，她不停地哭，哭的时候还打姐夫。可姐夫一直说我们需要人来帮忙，而且胖子要的钱最少，就算让他走，我们也没钱请更好的人。其实我们都知道，姐夫是好心，除了我们，村子里可能没有人愿意请胖子去帮忙。他是担心胖子真的没了工作。

我觉得胖子就是不想干活，又特别无聊。但我没心情管他们的事，我只想好好学习，改变冰冰对我的看法。

看到我越来越爱学习了，姐夫也很高兴。晚上干完活以后，他就坐到我的桌子旁边看我看书、写字。

有一天，我正在看我的英语书，姐夫

走过来，说："小毛，书上的这些英文你都

liǎobuqǐ = amazing

看得懂啊？你现在真了不起！"姐夫从来没

dǒng = understand　　76　　*cónglái = have never ...*

学过英文，一句英文都不会说。

jù = sentence

　　"我还会写呢！"在姐夫面前，我觉得自

cōngming

已聪明多了！

　　"那'你是哪国人'怎么说？"姐夫很想学

的样子。

　　"你学这个干什么？"我知道，姐夫是不

可能有机会说英文的。

cóngshì = undertake, deal with

　　"我看到越来越多的老外从市中心到我

jiāo = teach

们村子里来玩，你可以教我，我一定好好

学。下次我见到他们，就能跟他们说英文

了！"姐夫说这话的时候，就像一个孩子。

　　我 看 姐 夫 真 的 很 想 学 ，就 开 始

写"Which country are you from"，一边写一

边教他怎么说。姐夫先是看着我写，然后他自己也开始写"Which country are you from"，一边写一边跟着我说。可是姐夫写了好几次都写错了，说得也很不好。我没心情再教他了，就说："太晚了，睡觉吧！"

　　我睡在床上，心里想的都是冰冰。我不喜欢那个让人害怕的老房子和那个奇怪的白小姐，但是不知道为什么，我还是希望周六快点来，因为那时候我就又可以看到冰冰了。

— Chapter 7 —
第二次去白小姐家

hǎobùróngyì = w/ great difficulty

好不容易等到了星期六，我又能去白

小姐家见冰冰了。这次叔叔没来送我，我是

一个人去的。

　　开门的还是冰冰，我笑着对她说："你

好！"本来以为这次她会对我好一点，可是

她好像没听见一样，还是不看我，也不跟我

wàng = hope

说话，这让我很失望，也很难过。

carry an eye lens

dài yǎnjing =

　　在一楼，我看到一个戴眼镜的男人，

看起来很有钱的样子。他好像正忙着打电

话，我听见他对电话里的人说："我现在很

忙，有什么事，回去再说。"我从他旁边走

---

77 好不容易 (hǎobùróngyì) *adv.* with great difficulty

78 戴 (dài) *v.* to wear (glasses, jewelry, accessories)

过的时候，他也不看我。 打完电话以后，

我听见他对另外几个人说：“你们走吧，白

小姐不想见你们。”

　　冰冰把我带到了二楼。到了白小姐的

房间门口，冰冰突然走到我面前来，她的脸

离我的脸那么近，近得让我觉得不好意思。

“我漂亮吗？”声音还是那么冷。

　　“漂亮。”我不知道她为什么这样问。

　　“我对你怎么样？”她又问。

　　“比上次好一点。”我刚说完，冰冰就

打了我一下：“你这个又脏又笨的孩子，现

在你觉得我怎么样？”我气死了，差点哭出

来。

　　“你怎么不哭？我就是想看你哭。”冰冰

冷冷地说。

　　“我是不会在你面前哭的！”我大声说。

这是真话，没有人知道，我后来为冰冰哭了多少次，但是我从来都没有在她面前哭过。

听到我们的声音，白小姐从房间里走了出来。她看着冰冰，笑着说："好孩子！"然后就带着我去了另一个房间。

我从来没见过这样的房间，那么大，还那么脏。房间里有一张大桌子，桌子上放

zāng

了很多吃饭用的东西，但是这些东西应该很
久没用过了，都脏得很，而且有的看起来都
坏了。

"楼下那些人是我的叔叔和阿姨。"白小
姐的声音总是那么小，"今天是我的生日，
他们每年这个时候都会来看看我死了没有。
小毛，几十年前的今天，应该是我结婚的日
子。"她笑了一下，又说："我觉得我也会在
这一天死去。我死的时候，还要穿着这件婚
纱，睡在这个桌子上。"

在那个没有阳光的房间里，白小姐穿
着她那件已经变黄的婚纱，慢慢地走来走
去，像一个会动的死人。

"小毛，你以后只想做一个修理工吗？"

"我……不想，我想跟冰冰一样，懂很
多东西。但是，我家没钱让我上学。"说这

些话的时候，我看了一下冰冰。

"你喜欢学习，这是好事，我也认为你应该去做更好的工作。我家有很多书，你喜欢看什么就看什么，或者把书带回家去看也可以。"听到白小姐这么说，我很开心。因为她对我的看法跟冰冰很不一样，最重要的是，她没有像冰冰那样笑我。

从白小姐房间出来的时候，我看到一个戴眼镜的男孩，看他穿的衣服，像是有钱人的孩子。不过他看起来好像很无聊，很想找点事情做。

"你，谁让你来的？"男孩开口了。

"白小姐。"

"过来，打我！"

我没听错吧？他想找我打架！我感觉他有点怪怪的，但是我没有说不。

他开始在我前面动，一会儿左边一会儿右边，他的手也在动，一会儿前面一会儿后面。我又看了看他，他应该跟我差不多大，比我高，不过比我瘦。

他看起来很想打架的样子，让人有点烦。不过刚开始我想，不管怎么样，都不应该跟他打架。但是他动来动去的样子又让我很想跟他打。而且，他这么无聊，要是我不跟他打，他是不可能让我走的。想到这里，我决定跟他打架。然后我就一下子把他打到了地上，我以为我赢了。

他很快站了起来，又开始左右动，他想打我，但是一直打不到。他想用头撞我，但是又被我打到了地上。

我们就这样打了一会儿，每次都是我把他打到地上，但是每次他都很快又站了起来。最后一次，我把他打到站不起来了。可是过了一会儿，他又站了起来，笑着对我说："不打了，不打了，你赢了！"

我也笑了："我其实没想跟你打架。"我刚说完，男孩就跑走了。

我知道冰冰还在大门口等我。我到大门口的时候，她已经等了很久了。但奇怪

---

80 赢 (yíng) *v.* to win

的是，她没有问我去了哪里或者做了什么，也没有因为我让她等了很久就生我的气。她一直看着我，虽然没笑，但是看起来很高兴的样子，好像刚才发生了什么让她很开心的事。

"你想亲我的话就亲吧！"我走到她面前的时候，她突然说了一句。

81 亲 (qīn) v. to kiss

我真的亲了她一下，而且很容易就亲到了。

我以为我亲到她的时候会很开心，但其实不是这样的。我突然觉得自己好像是一个要饭的孩子，冰冰是有钱的公主。她让我亲她，就像是一个公主给了要饭的孩子一块钱。

82 要饭的 (yàofànde) *n.* beggar

— Chapter 8 —
六年以后

    从九岁那年开始，我每周都会去白小姐的家，不过每次在她家待的时间都不长，我会跟白小姐说说话或者跟冰冰一起玩，也会跟她一起看书。有时候我也会把那些书带回家看，我从书上学到了很多东西。我觉得自己其实一点也不笨，因为我比姐夫和思思懂的多得多！

    六年很快就过去了，我和冰冰都十四岁了。看到我越来越喜欢冰冰，白小姐很开心；听到冰冰经常说一些话让我伤心，她好像也很开心。"冰冰，你做得很好，就是要让男人们伤心，不要害怕！"白小姐经常小声对冰冰这样说。

这几年，我姐姐和叔叔也总是说到白小姐的钱，他们希望我能从白小姐那里得到很多钱。可我一点都不关心白小姐会不会给我钱，我只希望自己能像冰冰一样，上高中、上大学，再找一个好工作。只有这样，我才会有前途，才有机会成为一个了不起的男人。

有时候，我也会难过，如果我出生在另外一个人的家，如果我的姐夫不是修理工，是一个有钱人，那我的生活应该会很不一样吧？每次想到这些，我都不太想跟姐夫说话。放学回家总是能看到姐夫和胖子在干活，看着他们那脏脏的衣服和手，我就在心里对自己说："吴小毛，改变你自己，不要

83 前途 (qiántú) *n.* prospects, future, "expectations"

过跟他们一样的生活！"

　　姐夫不明白为什么我有时候不开心，他只是看着我，笑着说："小毛，你每天看书学习都那么晚，一定很累吧？家里的事你不用管，交给我就好了，你就好好学习吧。"每次我听到他这么说的时候就想，我跟你不是一个世界的人，你怎么可能理解我呢？

84 交给 (jiāogěi) *v.* to hand over

慢慢地，我发现我跟姐夫、思思能聊
的事情越来越少了。有时候我很想跟他们聊
聊我从书里学到的一些新东西，但是每次我
说的时候，他们除了会说"小毛，你真了不
起，什么都懂"，别的什么也不会说。

　　姐夫和思思还是对我很好，我们也还
是很好的朋友，但是我慢慢意识到我们的关
系在发生变化，变的不是他们，是我自己。

　　有一天，我跟思思去河边玩，决定把
我的想法跟她说："思思，我要好好学习，
以后上大学，找个好工作，离开这里。"

　　"离开？为什么？这里不好吗？"思思很
不理解我为什么突然跟她说这个。

　　"这里有什么好？村子里的人只知道干
活，别的什么都不知道！待在这里能有什么

前途？我只有去大城市，才会有前途，才能
过我想过的生活。"我把我的想法都说了出
来。

"这里是你的家，有你的家人和朋友，
你怎么会不想待在家里呢？小毛，我觉得你
变了。"思思听起来感觉对我挺失望的。

"我会这样想都是因为一个人，她总是笑我又脏又笨。现在我好不容易有了好好学习的机会，我要变得比她还聪明，这样才能改变她对我的看法。"冰冰的话我一直记得。

"谁说你又脏又笨？你看过那么多书，学习那么好，在我眼里，你是我们村子里最聪明的人。再说，跟你姐夫一样，好好做一个修理工有什么不好？你看你姐夫，他不是生活得挺好的吗？"思思笑着对我说。

我知道，如果没有见到冰冰，我可能会爱上思思，还有可能会跟她结婚，做一个快乐的修理工。可是，这些都是原来的想法，认识冰冰以后什么都变了，我就希望以后能成为一个有钱人，和冰冰结婚，就算这样做会让姐夫和思思失望。

— Chapter 9 —
难过的一天

有一天，白小姐突然打电话给姐夫，让他周六带我一起去她家。姐姐知道以后很不高兴，因为白小姐没有请她去。不过想到可能会有好事发生，最重要的是，白小姐可能会给我们钱，姐姐就不生气了。

姐夫和我来到了白小姐的房间，我想他一定没有见过这样的地方：没有阳光，灯光也不太亮，家具又老又脏。还有穿着婚纱的白小姐，看起来像快要死了的人一样。

白小姐好像一点也不关心姐夫对她和她家的看法，她看着我："小毛，这六年来，你经常到我家玩，喜欢这儿吗？"

86 家具 (jiājù) *n.* furniture

"喜欢。我也喜欢和冰冰一起玩。"我看了一下冰冰，她还是跟以前一样，冷冷的，不笑，看起来很不友好，但是更漂亮了。"谢谢你让我有机会看那么多书，我学到了很多东西。"

"我很高兴你喜欢我家，我知道你这几年学到了不少东西，跟刚来的时候比，你变化很大。"听到白小姐这样说，我更高兴了。"但是，"白小姐又说，"你现在已经十四岁了，是个大男孩了。我觉得你应该多帮家里做点事情，你姐夫也一定很想让你跟他一起工作，做一个修理工吧？"白小姐说话的时候，笑着看着姐夫。

"没错，我是小毛的姐夫，也是他的朋友，我们一起工作会很开心的。对吧？"姐夫笑着看着我。

听到"修理工"这三个字，我的脸一下
子就红了，我不想再跟姐夫说话了，也不看
他。

"那就好，小毛，你以后不用再来了，
就跟你姐夫一起学做一个修理工吧。这是我
给你的红包，很感谢你这六年来我家和冰冰
玩。你是个好孩子！"说完，她把红包给了
姐夫，说："你们可以走了。"

我突然难过起来，不知道发生了什么
事。我看了一下冰冰，她也看了我一下，然
后很快就看别的地方去了。我不知道她在想
什么。

"我还想来……"我很怕再也见不到冰冰
了。

"不用了。以后你就好好当个修理工
吧。我给你这个红包是因为你是个好孩子，
不要再希望得到别的东西了。"

回家的路上，我跟姐夫一句话也没
说。那条路，好像一直走不完！这六年来，
我一直认真学习，就是为了改变现在的生
活，以后不做一个修理工。但是我发现自己
一下子失去了所有的希望。不过姐夫好像一
直认为我想的跟他一样，在家做一个修理工

---

87 当 (dāng) v. to become　　　　88 失去 (shīqù) v. to lose

挺快乐的，更重要的是，一家人能一直生活
在一起。

　　直到我们回到家才发现家里出了大
事。姐姐一个人睡在地上，她的头好像撞
到了什么东西，有很多血。有人打伤了我姐
姐！

— Chapter 10 —
美好的前途

姐姐再也不会对我们大叫了，也不会再对我说"如果没有我，你早就饿死了"这种话了。我的姐姐，现在说不了话了！

警察花了一个月的时间也没找到打伤我姐姐的人。我和姐夫有时候会想，会不会是胖子？因为姐姐以前总是说一些让他很不高兴的话，胖子一直很想打姐姐，这谁都看得出来。可是村子里也有很多人不喜欢姐姐，而且姐姐在家的时候，村子里有人看到胖子在外面买东西。如果不是胖子，我们真想不出来是谁打伤了姐姐。

姐姐现在每天只能睡在床上，别的事情都做不了。她变了，她不再像以前那么爱生气了。她经常对我和姐夫笑，我觉得她想让我们知道，如果她还能说话，她一定会感谢我们对她这么好。

从白小姐让我回家做修理工那天开始，姐夫就不让胖子来我家干活了。我和姐夫每天都要忙修理店的事情，所以思思会经常来帮我们洗衣服、做饭，她还经常聊一些能让我们开心的事情。生活难是难，但是大家在一起很开心。慢慢地，我觉得冰冰已经离我越来越远了。

这样的生活过了两年，我以为我的生活会一直这样。但没有想到，这样的生活，有一天会因为一个人的出现，发生那么大的变化。

一天下午，我和姐夫在干活，思思也在我家帮忙。突然，一个戴眼镜的男人走了进来。

"请问吴小毛在吗？"那个男人没有认出我，但是我很快认出了他。没错！他就是我第二次去白小姐家看到的那个男人。

"我就是。请问你找我什么事？"我对那个男人说。

"我叫金子文，是个律师。"说完，他看着姐夫说："你是老周吧？我来这里有很重要的事情。有人让我来问你，'如果吴小毛这个孩子可以不用做修理工，去上海上高中，然后上大学，过更好的生活，你觉得怎么样？'"

姐夫觉得很奇怪，但是他没有多问，只是说："如果小毛以后能跟我一样，做个修理工，我会很高兴，但这不是我的决定，

---

89 认出 (rènchū) *vc.* to recognize (someone)　　90 律师 (lùshī) *n.* lawyer

应该让他自己决定。"

　　"好。"金律师笑了笑又说，"我只是一
个律师，今天来就是要告诉你们一件重要的
事情：这个孩子，吴小毛，一定会有一个美
好的前途！"

91 美好 (měihǎo) *adj.* wonderful, glorious

我看了一下姐夫，又看了一下思思，大家好像都不太明白这个人说的话。金律师笑了："有一个人想帮吴小毛，让他去上海市中心最好的高中上学。他十八岁的时候，就会很有钱，因为到时候，帮他的那个人愿意把所有的钱都送给小毛。"

金律师的话让我们都不敢相信，因为太突然了。

"但是，吴小毛，帮你的人有两个条件。"金律师看了我一下，又说："第一个条件是，你要一直用'吴小毛'这个名字，不能改。第二个条件是，不要问帮你的人是谁，问了我也不会告诉你，也许有一天，那个人自己会告诉你。怎么样？想不想跟我离开这里，去市中心上学？"

---

92 条件 (tiáojiàn) *n.* condition; (living) conditions

"想。"我轻声说，担心如果我的声音听起来太开心，就会让姐夫意识到我其实一直很想去大城市，这会让他对我很失望。想到以前白小姐说过我会有更好的工作，更好的生活，现在我又找回了所有的希望，我一定要抓住这个机会。

金律师又对姐夫说："老周，那个人让我把这个红包交给你。吴小毛走了以后，你们可能需要花钱再请一个人来帮忙。"

"不用了。"姐夫看了我一下，对金律师说："我们是很想把小毛留在身边，如果他也愿意留下来，我自然很高兴。不过我想，这应该是他自己的决定。小毛可以去他想去的地方，做他想做的事，不管他的决定是什么，都改变不了我们一家人的关系。但是，如果你认为用钱就可以买到这个孩子，这个我最好的朋友……"姐夫说不下去了。我看看姐夫，又看了一下金律师，也不知道该说些什么。

过了一会儿，金律师走到我面前，说："这是2000块钱，还有我的一张名片，这几天去买几件好一点的衣服吧。到了上海以后就不能再穿这样的衣服了。下个星期五，记得到名片上写的这个地方来找我。以后每个星期你都可以从我这里拿一些钱用来生活。下周五见！"说完，他就走了。

— Chapter 11 —
离开村子

知道我想离开这个家以后，姐夫和思思都哭得很伤心。思思把事情告诉了姐姐，可是姐姐受伤₉₃以后，有些事情她已经很难明白了。 但我知道，这是我改变自己，开始新生活的所有希望，我一定要抓住。虽然我一直不知道我为什么会失去白小姐给我的第一次机会，但是现在好不容易又有一次这样的机会，我不能再失去了。我跟姐夫和思思说，我一定不会忘记他们，一定会经常回来看他们的。

在离开村子的前一天，我去了白小姐家，但是冰冰不在。

---

93. 受伤 (shòushāng) *vo.* to be injured

"白小姐，我想来跟你和冰冰说再见。我现在有机会去市中心的高中上学了。"

　　"这件事我已经听说了，我见过金律师，他说有个有钱人要帮你。"白小姐看起来没有我想的那么高兴，"记住金律师的话，千万别改名字，要记住你来自这个村子。"

　　"冰冰呢？她在家吗？"我还想跟冰冰说声再见。

"她去市中心最好的高中上学了。我要让她跟最好的老师学习，跟最好的男人结婚！小毛，再见。"

"冰冰也去市中心上学了？太好了！"可能这就是生活，它在为你关上门的时候，会为你打开另一个窗子。

出发前的最后一个星期，我一直跟姐夫和思思待在一起。那个星期过得特别慢，我最后一次和思思去了河边，因为有些话想跟她说。

"思思，我走了以后，你能想办法让姐夫多学点东西吗？"

"什么意思？"思思有点不明白。

"我姐夫是个好人，不过他需要多学一点东西。如果以后我真的得到了那个人的钱，他一定有机会见到别的有钱人。到时候，他得学会怎么跟那些有钱人说话。"我知道我这样说不太好，但是我还是得说。

"小毛，你真是这样想的吗？你要知道，你姐夫不需要去认识那些有钱人，他只想留在村子里，不想离开他的家人。"思思有点不高兴了，"放心吧，你走了以后，我会经常来帮忙的。不管你是不是有钱人，我们都是好朋友，你姐夫也是这么想的！"

星期五那天，姐夫和思思哭着送我到了车站。现在，我要去上海市中心了！我以前那么想上好学校，那么想在大城市生活，可是到了离开的时候，我才意识到我把很重要的东西留在了这个村子里——我的家人和朋友。我突然很不想离开他们。

　　车慢慢开走了，我看着窗外，看着我长大的村子离我越来越远，我也哭了起来。不知道要多久才能再跟家人见面，但是我知道，前面等着我的是新的生活、新的希望。也许，只有离开村子，我才能成为不一样的吴小毛。

　　"上海，上海，那里有美好的前途在等我……"我在心里对自己说。

Key Words 关键词 (Guānjiàncí)

1. 村子 (cūnzi) *n.* village
2. 死小孩 (sǐ xiǎohái) *n.* rotten kid (not literally "dead child")
3. 感谢 (gǎnxiè) *v.* to be grateful (to)
4. 修理工 (xiūlǐgōng) *n.* repairman
5. 不管 (bùguǎn) *conj.* no matter…
6. 吵 (chǎo) *adj.* noisy
7. 黑 (hēi) *adj.* dark
8. 突然 (tūrán) *adv.; adj.* suddenly; sudden
9. 抓 (zhuā) *v.* to grab, to try to catch
10. 杀 (shā) *v.* to kill
11. 轻轻地 (qīngqīng de) *adv.* lightly
12. 敢 (gǎn) *v.* to dare (to)
13. 脏 (zāng) *adj.* dirty
14. 破 (pò) *adj.* worn out, run-down
15. 脚 (jiǎo) *n.* foot
16. 犯人 (fànrén) *n.* a convict
17. 害怕 (hàipà) *v.* to be afraid (of)
18. 也许 (yěxǔ) *adv.* perhaps
19. 修理店 (xiūlǐdiàn) *n.* repair shop
20. 按 (àn) *v.* to press, to hold (down)
21. 千万 (qiānwàn) *adv.* absolutely (not)
22. 工具 (gōngjù) *n.* tool
23. 鱼 (yú) *n.* fish
24. 难道 (nándào) *conj.* "could it be that…?" [rhetorical question marker]
25. 节日 (jiérì) *n.* holiday
26. 月饼 (yuèbǐng) *n.* moon cake
27. 买不起 (mǎibuqǐ) *vc.* cannot afford (to buy)
28. 平时 (píngshí) *adv.* usually
29. 叔叔 (shūshu) *n.* uncle

30. 偷 (tōu) *v.* to steal

31. 偷偷地 (tōutōu de) *adv.* stealthily, secretly

32. 除了 (chúle) *conj.* except for

33. 担心 (dānxīn) *v.* to worry

34. 被 (bèi) *part.* [passive particle]

35. 亮 (liàng) *adj.* bright

36. 注意 (zhùyì) *v.* to notice

37. 出现 (chūxiàn) *v.* to appear, to emerge

38. 好奇 (hàoqí) *adj.* curious

39. 脸色 (liǎnsè) *n.* the look on one's face, lit. "face color"

40. 照 (zhào) *v.* to shine (on)

41. 脸 (liǎn) *n.* one's face

42. 紧张 (jǐnzhāng) *adj.* nervous

43. 待 (dāi) *v.* to stay

44. 偷吃 (tōuchī) *v.* to sneakily eat

45. 撞 (zhuàng) *v.* to crash into

46. 警察 (jǐngchá) *n.* police officer, the police

47. 希望 (xīwàng) *v.*; n. to hope; hope

48. 胖 (pàng) *adj.* fat

49. 只有 (zhǐyǒu) *conj.* only if

50. 阿姨 (āyí) *n.* aunt

51. 只是 (zhǐshì) *phrase* it's just that

52. 愿意 (yuànyì) *v.* to be willing

53. 瘦 (shòu) *adj.* thin

54. 公主 (gōngzhǔ) *n.* princess

55. 友好 (yǒuhǎo) *adj.* friendly

56. 窗 (chuāng) *n.* window

57. 婚纱 (hūnshā) *n.* wedding dress

58. 桌子 (zhuōzi) *n.* table

59. 其实 (qíshí) *adv.* actually

60. 无聊 (wúliáo) *adj.* bored, boring, lame

61. 笨 (bèn) *adj.* stupid

62. 伤 (shāng) *v.* to hurt (someone)

63. 理解 (lǐjiě) *v.* to understand, to comprehend

64. 成为 (chéngwéi) *v.* to become

65. 心情 (xīnqíng) *n.* mood

66. 打伤 (dǎshāng) *vc.* to hit and injure

67. 打算 (dǎsuàn) *v.; n.* to plan to; plans

68. 原来 (yuánlái) *adv.* originally

69. 玩具 (wánjù) *n.* toy

70. 干活 (gànhuó) *vo.* to do manual labor

71. 结婚 (jiéhūn) *vo.* to get married

72. 就算 (jiùsuàn) *conj.* even if

73. 快乐 (kuàilè) *adj.* happy

74. 只要 (zhǐyào) *conj.* as long as

75. 住口 (zhùkǒu) *vo.* to shut one's mouth

76. 了不起 (liǎobuqǐ) *adj.* amazing

77. 好不容易 (hǎobùróngyì) *adv.* with great difficulty

78. 戴 (dài) *v.* to wear (glasses, jewelry, accessories)

79. 打架 (dǎjià) *vo.* to fight

80. 赢 (yíng) *v.* to win

81. 亲 (qīn) *v.* to kiss

82. 要饭的 (yàofànde) *n.* beggar

83. 前途 (qiántú) *n.* prospects, future, "expectations"

84. 交给 (jiāogěi) *v.* to hand over

85. 意识到 (yìshidào) *vc.* to realize

86. 家具 (jiājù) *n.* furniture

87. 当 (dāng) *v.* to become

88. 失去 (shīqù) *v.* to lose

89. 认出 (rènchū) *vc.* to recognize (someone)

90. 律师 (lǜshī) *n.* lawyer

91. 美好 (měihǎo) *adj.* wonderful, glorious

92. 条件 (tiáojiàn) *n.* condition; (living) conditions

93. 受伤 (shòushāng) *vo.* to be injured

Part of Speech Key

adj. Adjective

adv. Adverb

aux. Auxiliary Verb

conj. Conjunction

mw. Measure Word

n. Noun

on. Onomatopoeia

part. Particle

pn. Proper Noun

tn. Time Noun

v. Verb

vc. Verb plus Complement

vo. Verb plus Object

Discussion Questions
讨论问题 (Tǎolùn Wèntí)

Chapter 1 帮一个坏人

1. 吴小毛的姐姐是个什么样的女人?

2. 吴小毛喜欢他姐姐吗? 为什么?

3. 老周的性格怎么样? 你觉得他跟小毛的姐姐在一起生活快乐吗?

4. 如果你是小毛, 你会听犯人的话吗?

Chapter 2 不一样的节日

1. 小毛跟姐夫老周的关系怎么样? 如果你是小毛, 你会把这件事情告诉姐夫老周吗?

2. 你吃过月饼吗? 中秋节在中国文化里很重要, 你知道为什么吗?

3. 中秋节的晚上, 小毛为什么一直很紧张? 你什么时候会很紧张? 紧张的时候你会做什么?

4. 你小的时候偷过家里的东西吗? 请说一说。

5. 你知道中国有哪些别的重要的节日? 请说一说。

Chapter 3 犯人被抓了

1. 吴小毛看到警察的时候为什么很害怕? 警察有没有给过你什么麻烦?

2. 你觉得吴小毛帮的这个犯人是个什么样的人?

3. 小毛的好朋友思思是一个什么样的女孩? 说说你小时候最好的朋友。

4. 你小时候对以后的生活有什么样的希望? 请说一说。

Chapter 4 奇怪的老小姐

1. 为什么小毛认为月饼和200块钱是那个犯人送的?

2. 小毛去白小姐家, 谁最高兴? 如果你有一个弟弟, 你会把他送到一个不认识的人的家里去玩吗?

3. 冰冰是一个什么样的女孩? 你喜欢这样的女孩吗?

4. 如果你去白小姐家玩, 你会害怕吗? 你会对白小姐说什么?

5. 冰冰做了什么事情最让小毛难过? 她为什么要这么做?

Chapter 5 回家以后

1. 从白小姐家回来以后, 小毛感觉怎么样? 他为什么不说真话?

2. 你觉得孩子不听话的时候, 父母应该打孩子吗? 你小时候父母打过你吗? 请说一说。

3. 你是一个喜欢说真话的人吗? 如果你的朋友或者孩子不说真话, 你会怎么办?

4. "只有说真话才会让你快乐"。这句话你怎么看?

Chapter 6 他们吵起来了

1. 胖子是什么样的人? 老周应不应该帮胖子? 如果你是老周, 跟你一起工作的人很不认真, 你会怎么办?

2. 如果你不喜欢你一个人, 可是你每天都要见他, 你会像胖子一样说出来吗?

3. 你为什么学中文? 说说学外语的好处或者你学中文时发生过的有意思的事。

Chapter 7 第二次去白小姐家

1. 白小姐为什么一直穿着婚纱? 在你的国家, 女人结婚的时候也穿婚纱吗?

2. 如果你是小毛, 你会跟那个戴眼镜的男孩打架吗? 你小的时候, 爱跟别人打架吗?

3. 你觉得冰冰笑的时候在想什么? 她为什么让小毛亲她?

4. 小毛亲了冰冰以后开心吗? 如果你是小毛, 被冰冰打了以后你还会去亲她吗?

Chapter 8 六年以后

1. 在白小姐家的六年让小毛变化很大。你怎么看他的变化?

2. 对小毛来说,什么是"美好的前途"?你怎么看?

3. 为了让冰冰喜欢他,小毛改变了很多。你喜欢一个人的时候也会为她(他)这么做吗?

4. 一个人要想跟自己喜欢的人结婚,一定能要变得很有钱吗?

Chapter 9 难过的一天

1. 你觉得小毛最难过的是什么?你觉得白小姐为什么不让小毛再跟冰冰见面了?

2. 在中国,有的孩子因为家里没钱上学,很小就要帮家里做事,或者出去工作,你觉得这样的孩子长大以后跟其他上过学的孩子有什么不一样?

3. 很多人不喜欢他们的工作,所以他们工作的时候都不快乐。你是这样的人吗?怎样可以快乐地工作?

Chapter 10 美好的前途

1. 你觉得姐姐是怎么受伤的?

2. 如果你是小毛,你会离开家人,跟金律师去上海开始新生活吗?

3. 如果你是姐夫老周,你会怎么做?

Chapter 11 离开村子

1. 在中国,很多家长为了让孩子上好学校,会花很多钱,比如买学校旁边的房子。你怎么看这样的做法?

2. "生活在为你关上一个的门时候,会为你打开另一个窗子"。这句话你觉得有道理吗?

3. 你第一次离开家一个人生活是什么感觉?请说一说。

Appendix A:
Character Comparison Reference

This appendix is designed to help Chinese teachers and learners use the Mandarin Companion Graded Readers as a companion to the most popular university textbooks and the HSK word lists.

The tables below compare the characters and vocabulary used in other study materials with those found in this Mandarin Companion graded reader. The tables below will display the exact characters and vocabulary used in this book and not covered by these sources. A learner who has studied these textbooks will likely find it easier to read this graded reader by focusing on these characters and words.

Integrated Chinese Level 1, Part 1-2 (3rd Ed.)
Integrated Chinese Level 2, Part 1 (3rd Ed.)

Words and characters in this story not covered by these textbooks:

Character	Pinyin	Word(s)	Pinyin
吴	wú	吴小毛	Wú Xiǎomáo
村	cūn	村子	cūnzi
修	xiū	修理店 修理工	xiūlǐ diàn xiūlǐ gōng
抓	zhuā	抓	zhuā
笨	bèn	笨	bèn
纱	shā	婚纱	hūnshā
阳	yáng	阳光	yángguāng
句	jù	一句（话）	yī jù (huà)
停	tíng	停	tíng
按	àn	按	àn
撞	zhuàng	撞	zhuàng

New Practical Chinese Reader, Books 1-3 (1st Ed.)

Words and characters in this story not covered by these textbooks:

Character	Pinyin	Word(s)	Pinyin
吴	wú	吴小毛	Wú Xiǎomáo
周	zhōu	老周 周六 下周	Lǎo Zhōu Zhōuliù xiàzhōu
叔	shū	叔叔	shūshu
冰	bīng	冰冰	Bīngbīng
胖	pàng	胖 胖子	pàng Pàngzi
直	zhí	一直 直到	yīzhí zhídào
犯	fàn	犯人	fànrén
需	xū	需要	xūyào
待	dāi	待	dāi
笨	bèn	笨	bèn
纱	shā	婚纱	hūnshā
窗	chuāng	窗子 窗	chuāngzi chuāng
紧	jǐn	紧张	jǐnzhāng
破	pò	破	pò
杀	shā	杀	shā
无	wú	无聊	wúliáo
许	xǔ	也许	yěxǔ
吵	chǎo	吵	chǎo

Hanyu Shuiping Kaoshi (HSK) Levels 1-4

The characters and their associated words in this book not covered by the levels above:

Character	Pinyin	Word(s)	Pinyin
村	cūn	村子	cūnzi
犯	fàn	犯人	fànrén
吴	wú	吴小毛	Wú Xiǎomáo
偷	tōu	偷 偷偷地 偷吃	tōu tōutōu de tōuchī
抓	zhuā	抓	zhuā
待	dāi	待	dāi
英	yīng	英语 英文	Yīngyǔ Yīngwén
途	tú	前途	qiántú
架	jià	打架	dǎjià
纱	shā	婚纱	hūnshā
杀	shā	杀	shā
吵	chǎo	吵	chǎo
撞	zhuàng	撞	zhuàng
血	xiě, xuè	血	xiě, xuè

Appendix B: Grammar Point Index

For learners new to reading Chinese, an understanding of grammar points can be extremely helpful for learners and teachers. The following is a list of the most challenging grammar points used in this graded reader.

These grammar points correspond to the Common European Framework of Reference for Languages (CEFR) level B1 or above. The full list with explanations and examples of each grammar point can be found on the Chinese Grammar Wiki, the internet's definitive source of information on Chinese grammar.

CHAPTER 1	
"It seems" with "haoxiang"	好像……
Clarifying relationships with "guanxi"	跟/和……（没）有关系
Quite with "ting"	挺 + Adj. + 的
Expressing "not only… but also"	不但……，而且……
Expressing earliness with "jiu"	就
Using "dui"	对 + Noun…
If… then… with "yaoshi"	要是……，就……
Descriptive complements	Verb/Adj. + 得……
Expressing "much more" in comparisons	Noun1 + 比 + Noun2 + Adj. + 多了 / 得多
No matter with "buguan"	不管……，都/也……
Separable verb	Verb + … + Object
Again in the past with "you"	又 + Verb
Comparing "chao" "xiang" and "wang"	朝 vs 向 vs 往
Comparing "turan" and "huran"	突然 vs 忽然
Resultative complement "zhu"	Verb + 住
Aspect particle "zhe"	Verb + 着
Reduplication of adjectives	Adj. + Adj.
Adjectival complement "de hen"	Adj. + 得很
Tricky uses of "dao"	Verb + 到
Again in the future with "zai"	再 + Verb

A softer "but"	……, 不过……
Result complement "-qilai"	Verb + 起来
Ba sentence	把 + Noun + Verb…
Expressing "to make certain" with "qianwan"	千万 + Verb / Verb Phrase
Direction complement	Verb (+ Direction) + 来 / 去
Resultative complement "kai"	Verb + 开
If…, then… with "ruguo…, jiu…"	如果……，就……
Causative verbs	Noun1 + 让/叫/请 + Noun2…
CHAPTER 2	
Events in quick succession with "yi… jiu"	一……就……
Expressing "not even one"	一 + Measure Word + (Noun) + 也/都 + Verb
Rhetorical questions with "nandao"	难道……?
Adjectives with "name" and "zheme"	那么 / 这么 + Adj.
Expressing "more and more" with "yue… yue…"	越……越……
Referring to "all" using "suoyou"	所有……都……
Further uses of resultative complement "qilai"	Verb + 起来
Complements with "dao", "gei" and "zai"	Verb + 到 / 给 / 在……
Expressing "every" with "mei" and "dou"	每……都……
Turning adjectives into adverbs	Adj. + 地 + Verb
"Not at all"	一点(儿)也不……
"Except" and "in addition" with "chule… yiwai"	除了…… (以外)，还……
"Bei" sentence	被 + Verb + …
"Shi... de" construction	是……的
"All at once" with "yixiazi"	一下子
CHAPTER 3	
Potential complement "bu liao"	Verb + 不了
Expressing "almost" using "chadian"	Subj. + 差点(儿) + Verb + 了
Resultative complement "chu(lai)"	Verb + 出(来)
Mistakenly think that	以为……
Assessing situations with "kanlai"	看来 + judgment to the situation; 在 + somebody + 看来

Expressing "all" with "shenme dou"	什么都/也……
"Never again" with "zai ye bu"	再也不 + Verb + 了
Comparing specifically with "xiang"	Noun1 + 像 + Noun2 + (那么……)
"Must" modal "dei"	得 + Verb

CHAPTER 4

Appearance with "kanqilai"	看起来……
"Although" with "suiran" and "danshi"	虽然……, 但是……
Expressing lateness with "cai"	才 + Verb Phrase
"Already" with "dou…le"	都……了
Result complement "xiaqu"	Verb + 下去
Doing something more with "duo"	多 + Verb
Sequencing with "xian" and "zai"	先……, 再……

CHAPTER 5

Sequencing past events with "houlai"	……, 后来……
"All along" with "yuanlai"	原来……
Comparing "benlai" and "yuanlai"	本来 vs 原来
Comparing "buduan" and "buting"	不断 vs 不停
Comparing "gang" and "gangcai"	刚 vs 刚才
Expressing "even if…" with "jiusuan"	就算……, 也……
"In addition" with "zaishuo"	再说, ……

CHAPTER 6

Expressing purpose with "weile"	为了 + Purpose + Verb
"As long as" with "zhiyao"	只要……, 就……
Adding emphasis with "jiushi"	就是
Continuation with "hai"	还 + Verb / Adj.
Positive and negative potential complements	Verb + 得 / 不……
Result complement "-cuo"	Verb + 错

CHAPTER 7

Expressing difficulty with "hao (bu) rongyi"	好(不)容易
Expressing actions in progress (full form)	正在 + Verb + 着 + 呢

"Verbing around" with "lai" and "qu"	Verb + 来 + Verb + 去
Expressing "as one likes" with "jiu"	想 + Verb + 就 + Verb
Comparing "haishi" and "huozhe"	还是 vs 或者
CHAPTER 8	
"Only if" with "zhiyou"	只有……, 才……
CHAPTER 9	
There are no new grammar points in this chapter.	
CHAPTER 10	
Expressing "everyone" with "shei"	谁都/也……
Conceding a point with "shi"	Adj. + 是 + Adj., 但是……
CHAPTER 11	
Expressing comparable degree with "you"	A 有 B + Adj. + 吗?
Topic-comment sentences	Topic, Comment
"For" with "wei"	为 + Noun…

Credits

Original Author: Charles Dickens

Series Editor: John Pasden

Lead Writer: Yang Renjun

Content Editors: Chen Shishuang, Yu Cui

Illustrator: Hu Shen

Producer: Jared Turner

Acknowledgments

We are grateful to Chen Shishuang, Song Shen, Zhao Yihua, Yang Renjun , Yu Cui, and the entire team at AllSet Learning for working on this project and contributing the perfect mix of talent to produce this series.

Thank you to our enthusiastic testers Vanessa Dewey, Jacob Rodgers, Amani Core, Dominic Pote, Daniel Lundqvist, and Ben Bafoe.

Thank you to Heather Turner for being the inspiration behind the entire series and never wavering in her belief. Thank you to Song Shen for supporting us, handling all the small thankless tasks, and spurring us forward if we dared to fall behind.

Moreover, we will be forever grateful for Yuehua Liu and Chengzhi Chu for pioneering the first graded readers in Chinese and to whom we owe a debt of gratitude for their years of tireless work to bring these type of materials to the Chinese learning community.

About Mandarin Companion

Mandarin Companion was started by Jared Turner and John Pasden who met one fateful day on a bus in Shanghai when the only remaining seat left them sitting next to each other. A year later, Jared had greatly improved his Chinese using extensive reading but was frustrated at the lack of suitable reading materials. He approached John with the prospect of creating their own series. Having worked in Chinese education for nearly a decade, John was intrigued with the idea and thus began the Mandarin Companion series.

John majored in Japanese in college, but started learning Mandarin and later moved to China where his learning accelerated. After developing language proficiency, he was admitted into an all-Chinese masters program in applied linguistics at East China Normal University in Shanghai. Throughout his learning process, John developed an open mind to different learning styles and a tendency to challenge conventional wisdom in the field of teaching Chinese. He has since worked at ChinesePod as academic director and host, and opened his own consultancy, AllSet Learning, in Shanghai to help individuals acquire Chinese language proficiency. He lives in Shanghai with his wife and children.

After graduate school and with no Chinese language skills, Jared decided to move to China with his young family in search of career opportunities. Later while working on an investment project, Jared learned about extensive reading and decided that if it was as effective as it claimed to be, it could help him learn Chinese. In three months, he read 10 Chinese graded readers and his language ability quickly improved from speaking words and phrases to a conversational level. Jared has an MBA from Purdue University and a bachelor in Economics from the University of Utah. He lives in Shanghai with his wife and children.

Other Stories from Mandarin Companion

Level 1 Readers: 300 Characters

The Secret Garden 《秘密花园》
by Frances Hodgson Burnett

Li Ye (Mary Lennox) grew up without the love and affection of her parents. After an epidemic leaves her an orphan, Li Ye is sent off to live with her reclusive uncle in his sprawling estate in Nanjing. She learns of a secret garden where no one has set foot in ten years. Li Ye finds the garden and slowly discovers the secrets of the manor. With the help of new friends, she brings the garden back to life and learns the healing power of friendship and love.

Sherlock Holmes and the Curly Haired Company 《卷发公司的案子》
based on "Sherlock Holmes and the Case of the Red Headed League" by Sir Arthur Conan Doyle

Mr. Xie was recently hired by the Curly Haired Company. For a significant weekly allowance, he was required to sit in an office and copy articles from a book, while in the meantime his assistant looked after his shop. He had answered an advertisement in the paper and although hundreds of people applied, he was the only one selected because of his very curly hair. When the company unexpectedly closes, Mr. Xie visits Gao Ming (Sherlock Holmes) with his strange story. Gao Ming is certain something is not right, but will he solve the mystery in time?

The Monkey's Paw 《猴爪》
by W.W. Jacobs

Mr. and Mrs. Zhang live with their grown son Guisheng who works at a factory. One day an old friend of Mr. Zhang comes to visit the family after having spent years traveling in the mysterious hills of China's

Yunnan Province. He tells the Zhang family of a monkey's paw that has magical powers to grant three wishes to the holder. Against his better judgment, he reluctantly gives the monkey paw to the Zhang family, along with a warning that the wishes come with a great price for trying to change ones fate...

The Sixty-Year Dream 《六十年的梦》
based on "Rip Van Winkle" by Washington Irving

Zhou Xuefa (Rip Van Winkle) is well loved by everyone in his town, everyone except his nagging wife. With his faithful dog Blackie, Zhou Xuefa spends his time playing with kids, helping neighbors, and discussing politics in the teahouse. One day after a bad scolding from his wife, he goes for a walk into the mountains and meets a mysterious old man who appears to be from an ancient time. The man invites him into his mountain home for a meal and after drinking some wine, Zhou Xuefa falls into a deep sleep. He awakes to a time very different than what he once knew.

The Country of the Blind 《盲人国》
by H.G. Wells

"In the country of the blind, the one-eyed man is king," repeats in Chen Fangyuan's mind after he finds himself trapped in a valley holding a community of people for whom a disease eliminated their vision many generations before and no longer have a concept of sight. Chen Fangyuan quickly finds that these people have developed their other senses to compensate for their lack of sight. His insistence that he can see causes the entire community to believe he is crazy. With no way out, Chen Fangyuan begins to accept his fate until one day the village doctors believe they now understand what is the cause of his insanity... those useless round objects in his eye sockets.

Level 2 Readers: 450 Characters

Great Expectations: Part 2《美好的前途》（下）
by Charles Dickens

Great Expectations is hailed as Charles Dickens' masterpiece. A gripping tale of love and loss, aspiration and moral redemption, the story follows the young orphan Xiaomao (Pip) from poverty to a life of unexpected opportunity and wealth. In Part 2, Xiaomao (Pip) leaves his life of poverty behind to seek his fortunes in Shanghai and win the heart of the beautiful yet cold-hearted Bingbing (Estella). Xiaomao's world is turned upside down when his mysterious benefactor is revealed and his deepest secrets are brought into the light of day.

Mandarin companion is producing a growing library of graded readers

for Chinese language learners.

Visit our website for the newest books available:

www.MandarinCompanion.com